DE ULTIEME BOTANISCHE COCKTAIL GIDS

100 snelle en gemakkelijke dranken van tuin tot glas

Boaz van den Heuvel

Auteursrechtelijk materiaal ©2024

Alle rechten voorbehouden

Geen enkel deel van dit boek mag in welke vorm of op welke manier dan ook worden gebruikt of overgedragen zonder de juiste schriftelijke toestemming van de uitgever en eigenaar van het auteursrecht, met uitzondering van korte citaten die in een recensie worden gebruikt. Dit boek mag niet worden beschouwd als vervanging voor medisch, juridisch of ander professioneel advies.

INHOUDSOPGAVE

INHOUDSOPGAVE **3**
INVOERING **6**
WODKA **7**
   1. KNOFLOOK-HABANERO-WODKA 8
   2. LAVENDEL-ROZEMARIJN LIKEUR _ 10
   3. VERFRISSENDE WATERMELOENWODKA 12
   4. NOOT LIKEUR 14
   5. BANANEN LIKEUR 16
   6. ZOETHOUT LIKEUR _ 18
   7. PRUIMENLIKEUR 20
   8. MANDARIJN LIKEUR 22
   9. PIMENT LIKEUR 24
   10. LAVENDEL LIKEUR _ 26
   11. GROENE THEE LIKEUR 28
   12. KANEEL LIKEUR 30
   13. VANILLE-KOFFIELIKEUR 32
   14. MUNT LIKEUR 34
   15. ZOETE SINAASAPPEL- EN KRUIDNAGELLIKEUR 36
   16. TRAMBOSSEN EN LIMONCELLO 38
   17. HETE BEBOTERDE CIDER 40
   18. PEPERMUNTSCHNAPSLIKEUR 42
   19. LIMOEN LIKEUR 44
   20. PITTIGE KRUIDENLIKEUR 46
   21. ANANAS WODKA LIKEUR 48
   22. MET FRAMBOZEN DOORDRENKTE WODKA 50
   23. PAPAYA LIKEUR 52
   24. BOSBESSEN LIKEUR 54
   25. CHOCOLADE LIKEUR 56
   26. KOKOS LIKEUR 58
   27. CURAÇAO LIKEUR 60
   28. GRAPEFRUIT LIKEUR 62
   29. HONING LIKEUR 64
   30. THEE LIKEUR 66
   31. PEPERMUNT LIKEUR 68
   32. ANGELICA LIKEUR 70
   33. BOSBESSEN EN SINAASAPPELLIKEUR 72
   34. KARWIJZAAD _ LIKEUR 74
   35. APPELWODKA LIKEUR _ 76
   36. P ELKE WODKA- LIKEUR 78
   37. AQUAVIT WODKA 80
   38. CITROEN WODKA 82
   39. ORANJE BITTER 84

40. Aardbei Vanille Wodka 86
41. Citroen Granaatappel Likeur 88
42. Braam Oranje Doordrenkt Wodka 90
43. Heemst Wodka 92
TEQUILA 94
44. Citroengras-Gember likeur 95
45. Margarita-likeur 97
46. Mexicaanse theepunch 99
47. Jalapeño Limoen Tequila 101
48. Ananas En Serrano tequila 103
49. Gember Citroengras Tequila 105
50. Amandelgoudlikeur _ _. 107
RUM 109
51. Koffie Likeur 110
52. Banaan en kokosnoot likeur 112
53. Gekruid Rum 114
54. Jasmijn thee likeur 116
55. Mokka room likeur 118
56. Zweeds fruit in likeur 120
57. Cranberry-hartelijk 122
58. Romige rumlikeur 124
59. Ananas Rum 126
60. Citrus Sangria 128
61. Fruit Pons 130
WHISKY 132
62. Citroen Doordrenkt Bourbon 133
63. Met spek doordrenkt ouderwets 135
64. Perzik-kaneellikeur 137
65. Chocolade crème likeur 139
66. Bing Cherry _ likeur. 141
67. Sinaasappel en Honing Likeur _ 143
68. Irish roomlikeur 145
69. Cranberry Oranje Whisky 147
70. Koffie-Vanille Bourbon 149
71. Kers vanille Bourbon 151
72. Appel-kaneel Whisky 153
73. Vanille Boon Bourbon 155
GIN 157
74. Cajun-martini 158
75. Cranberry gin 160
76. Pomander gin 162
77. Citroen Gember Kardemom Gin 164
78. Appel En Peer Gin 166

79. Groente Thee Gin 168
BRANDEWIJN **170**
   80. Mandarijn sinaasappel Likeur 171
   81. Amaretto-likeur 173
   82. Abrikozenlikeur 175
   83. Framboos likeur 177
   84. Appel-kaneelbrandewijn 179
   85. Californië Advocaat 181
   86. Kers brandewijn 183
   87. Amandel Likeur 185
   88. Peren Likeur 187
   89. Gember Likeur 189
   90. Koffie vanille likeur 191
   91. Kardemom-Fig Brandewijn 193
   92. Pruim-Kaneel Brandewijn 195
   93. Chai-peer Brandewijn 197
COGNAC **199**
   94. Grote sinaasappel-cognac likeur 200
   95. Verse vijgen Curacao 202
   96. Chai-doordrenkt Cognac 204
   97. Met kersen doordrenkt cognac 206
   98. Vijgen- en Grand Marnier-likeur 208
   99. Perzik Doordrenkt Cognac 210
   100. Ananas-Sinaasappelbitters Likeur 212
CONCLUSIE **214**

INVOERING

Stap in de betoverende wereld waar de meest verse kruiden, vruchten en botanische wonderen samenkomen om een symfonie van smaken te creëren in DE ULTIEME BOTANISCHE COCKTAIL GIDS. Deze gids is je paspoort naar het rijk van de tuin-tot-glas-mixologie, waar we je uitnodigen om 100 snelle en gemakkelijke recepten te ontdekken die je favoriete sterke drank omzetten in boeiende brouwsels.

In dit botanische avontuur vieren we het levendige kruispunt van natuur en mixologie, en laten we zien hoe kruiden uit je tuin je cocktailspel naar nieuwe hoogten kunnen tillen. Stel je de zonovergoten middagen voor, de zachte bries die de geur van bloeiende bloemen met zich meevoert, en het gerinkel van ijsblokjes in een glas gevuld met een tuinvers elixer. Het is een zintuiglijke ervaring die verder gaat dan het gewone en je uitnodigt om bij elke slok de schoonheid van plantaardige ingrediënten te omarmen.

Of je nu een doorgewinterde mixoloog bent of een thuisbarman die een vleugje botanische pracht aan je repertoire wil toevoegen, deze gids is bedoeld om te inspireren en te verrukken. Van klassieke combinaties tot innovatieve wendingen, elk recept is een bewijs van de kunstzinnigheid van botanische cocktails, waardoor ze toegankelijk zijn voor zowel beginners als liefhebbers.

Dus pak je muddler, kies je favoriete kruiden en laten we beginnen aan een reis vol smaak, aroma en visueel genot terwijl we duiken in DE ULTIEME BOTANISCHE COCKTAIL GIDS.

WODKA

1. Knoflook-Habanero-wodka

INGREDIËNTEN:
- 1 habanero-peper
- 1 bol knoflook, gescheiden en gepeld
- Fles wodka van 750 milliliter

INSTRUCTIES:
a) Doe de knoflook en de habanero-peper in een Mason-pot.
b) Vul de pot met wodka. Sluit en schud goed.
c) Steil gedurende 3 tot 5 uur.
d) Zeef de wodka door een fijnmazige zeef.

2.Lavendel-Rozemarijn likeur

INGREDIËNTEN:
- Fles wodka van 750 milliliter
- 1 takje verse rozemarijn, afgespoeld
- 2 takjes verse lavendel, afgespoeld

INSTRUCTIES:
a) Doe de kruiden in een Mason-pot.
b) Giet de wodka in de pot.
c) Schud het een paar keer en laat het drie tot vijf dagen trekken.
d) Giet de kruiden af.

3. Verfrissende watermeloenwodka

INGREDIËNTEN:
- Fles wodka van 750 milliliter
- 1 watermeloen, in blokjes

INSTRUCTIES:
a) Plaats de in blokjes gesneden watermeloen in een infuuspot.
b) Giet de wodka over het fruit en schud het een paar keer.
c) Sluit het deksel en laat het 4 tot 6 dagen trekken.
d) Schud het één of twee keer per dag.
e) Zeef de watermeloen uit de wodka.

4.Noot likeur

INGREDIËNTEN:
- 2 pond ongezouten, ongeblancheerde amandelen, gehakt
- 1 kopje suiker
- 1 fles wodka
- Suikersiroop

INSTRUCTIES:
a) Doe de gehakte noten in de pot en voeg de suiker en de wodka toe.
b) Een maand lang laten trekken, dagelijks schudden.
c) Giet de noten af.
d) Voeg suikersiroop toe.

5.Bananen Likeur

INGREDIËNTEN:
- 2 rijpe bananen, geschild en gepureerd
- 3 kopjes wodka
- 1 kopje suiker
- 1 theelepel vanille-extract
- 1 kopje water

INSTRUCTIES:
a) Meng gepureerde banaan, wodka en vanille.
b) 1 week steil.
c) Zeef af.
d) Combineer suiker en water in een pan.
e) Breng op middelhoog vuur aan de kook.
f) Laat sudderen tot de suiker is opgelost.
g) Voeg suikersiroop toe.
h) Giet het in flessen en sluit het goed af.
i) Laat minimaal 1 maand trekken voordat u het serveert.

6. Zoethout likeur

INGREDIËNTEN:
- 2 eetlepels gemalen steranijs
- 3 kopjes wodka
- 2 kopjes suiker
- 1 kopje water

INSTRUCTIES:
a) Meng steranijs met wodka en laat 2 weken trekken.
b) Giet de steranijs af.
c) Kook suiker en water in een pan.
d) Laat sudderen tot de suiker is opgelost.
e) Combineer het mengsel van suikersiroop en wodka.
f) Giet in flessen en sluit goed af.
g) Laat minstens een maand trekken voordat u het serveert.

7. Pruimenlikeur

INGREDIËNTEN:
- 1 pond verse, paarse pruimen
- 2 kopjes wodka
- 1 kopje suiker
- 1 1-inch kaneelstokje kopje water
- 4 hele kruidnagels

INSTRUCTIES:
a) Ontpit de pruimen en snijd de pruimen in stukjes van 1 inch.
b) Combineer pruimen, suiker, kaneelstokjes, kruidnagel en wodka.
c) Dek af en laat 2 maanden trekken.
d) Schud de pot af en toe.
e) Zeef de vloeistof.
f) Giet in flessen en sluit goed af.
g) Laat minimaal 1 maand trekken voordat u het serveert.

8.Mandarijn likeur

INGREDIËNTEN:
- 6 Mandarijnen
- 2 kopjes wodka
- ½ kopje suiker
- ¾ kopje water

INSTRUCTIES:
a) Schil de mandarijnen met een dunschiller met draaiend mes. Schraap alleen de schil eraf en vermijd het witte membraan.
b) Doe de schillen in een pot met de wodka.
c) Dek het goed af en laat het 3 weken op een koele, donkere plaats staan.
d) Schud de pot af en toe.
e) Zeef de vloeistof.
f) Combineer suiker en water in een pan.
g) Breng op middelhoog vuur aan de kook.
h) Laat sudderen tot de suiker is opgelost.
i) Koel af en voeg dan suikersiroop toe.
j) Giet in flessen en sluit goed af. Minimaal 1 maand steil.

9.Piment Likeur

INGREDIËNTEN:
- 3/4 theelepel _ _ gemalen piment
- 1 1/2 kopjes wodka
- 1/2 kop suikersiroop

INSTRUCTIES:
a) Laat de ingrediënten 10 dagen trekken.
b) Deformatie.
c) Voeg siroop toe.
d) Rijp gedurende 1-6 maanden.

10. Lavendel likeur

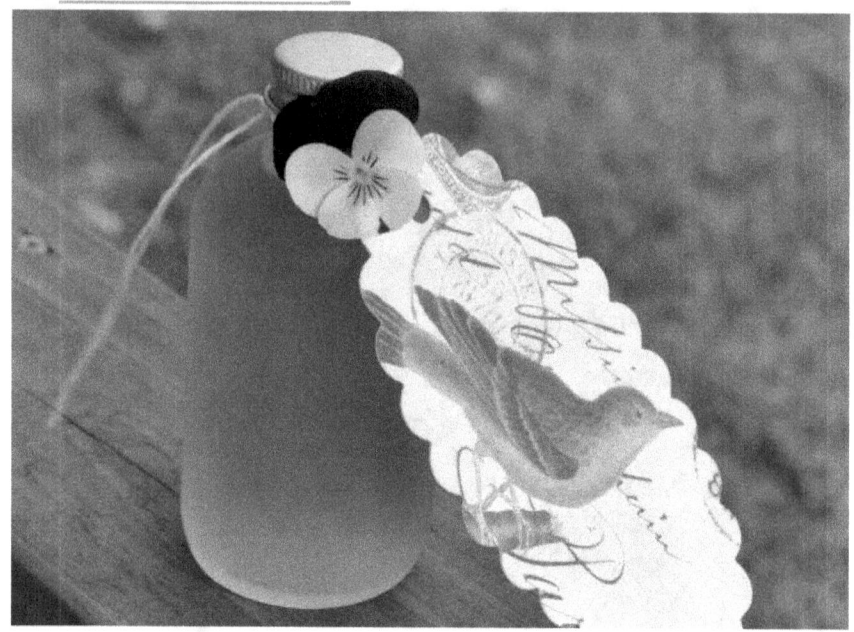

INGREDIËNTEN:
- 6 Eetlepels Gedroogde lavendelbloemblaadjes _ _ _
- 1 Vijfde 80-proof wodka
- 1 kopje suikersiroop

INSTRUCTIES:
a) Laat de bloemblaadjes een week in de wodka weken.
b) Giet door kaasdoek.
c) Voeg de suikersiroop toe en geniet ervan .

11. Groene Thee Likeur

INGREDIËNTEN:
- 6 theelepels groene theeblaadjes _
- 3 kopjes wodka
- 1 kopje siroop
- 2 druppels groene kleurstof

INSTRUCTIES:
a) Combineer en laat de theeblaadjes 24 uur in de wodka trekken.
b) Schud de pot goed als je de bladeren toevoegt.
c) Voeg de zoetstof toe en kleur de volgende dag.

12. Kaneel likeur

INGREDIËNTEN:
- 1 Kaneelstokje
- Kruidnagel
- 1 theelepel Gemalen korianderzaad
- 1 kopje wodka
- ½ kopje cognac
- ½ kopje suikersiroop

INSTRUCTIES:
a) Laat alle ingrediënten 2 weken trekken.
b) Zeef tot het helder is en voeg suikersiroop toe.
c) Laat het 1 week trekken en het is klaar om te serveren.

13.Vanille-koffielikeur

INGREDIËNTEN:
- 1½ kopjes bruine suiker; Ingepakt
- 1 kopje kristalsuiker
- 2 kopjes Water
- ½ kopje Instantkoffiepoeder
- 3 kopjes wodka
- ½ Vanilleboon; gesplitst

INSTRUCTIES:
a) Kook suikers en water gedurende 5 minuten.
b) Roer geleidelijk de koffie erdoor.
c) Meng de wodka en vanille erdoor.
d) Steil gedurende 1 maand.
e) Verwijder het vanillestokje.

14. Munt likeur

INGREDIËNTEN:
- 1¼ kopje verse muntblaadjes, gewassen en geknipt
- 3 kopjes wodka
- 2 kopjes kristalsuiker
- 1 kopje water
- 1 theelepel Glycerine
- 8 druppels groene voedselkleurstof
- 2 druppels blauwe voedselkleurstof

INSTRUCTIES:
a) Laat de munt en wodka 2 weken trekken en schud regelmatig.
b) Zeef de muntblaadjes en gooi ze uit de likeur.
c) Meng suiker en water in een pan .
d) Breng aan de kook, onder voortdurend roeren.
e) Voeg glycerine en kleurstof toe.
f) Opnieuw steil gedurende 1-3 maanden.

15.Zoete sinaasappel- en kruidnagellikeur

INGREDIËNTEN:
- 3 kopjes wodka
- 3 Hele zoete sinaasappelen, in partjes gesneden
- ½ Citroen
- 2 Hele kruidnagels
- 1 kop Basissuikersiroop

INSTRUCTIES:
a) Meng wodka, sinaasappelen, citroen en kruidnagel.
b) 10 dagen steil.
c) Zeef en gooi de gezeefde vaste stoffen weg.
d) Voeg suikersiroop toe.
e) Zeef in flessen en laat opnieuw 4 weken trekken.

16. Trambossen en limoncello

INGREDIËNTEN:
- 30 Verse aardbeien in tweeën gesneden
- 4 theelepels Limoncello-likeur
- Versgemalen peper
- 4 theelepels vers sinaasappelsap

INSTRUCTIES:
a) Meng de aardbeien, het sinaasappelsap, de likeur en versgemalen peper .
b) Minimaal 30 minuten steil.

17. Hete beboterde cider

INGREDIËNTEN:
- 1 kwart appelcider
- 2 Kaneelstokjes
- ¼ kopje lichte glucosestroop
- 3 Hele kruidnagels
- 2 plakjes citroen
- 2 eetlepels ongezouten boter
- 6 ons appellikeur

INSTRUCTIES:
a) in een pan de cider, glucosestroop, boter, kaneelstokjes, kruidnagel en schijfjes citroen.
b) Verwarm op laag vuur tot de cider heet is en de boter gesmolten is. Haal van het vuur.
c) Terwijl de cider aan het opwarmen is, giet je een ounce likeur in elk van de 6 mokken of hittebestendige glazen.
d) Giet de hete cider in de mokken en serveer meteen.

18. Pepermuntschnapslikeur

INGREDIËNTEN:
- ⅓ kopje kristalsuiker
- 1 6 ons lichte glucosestroop
- 2 kopjes 80-proof wodka
- 2 theelepels Pepermuntextract

INSTRUCTIES:
a) Verwarm de suiker en de glucosestroop in een pan gedurende 5 minuten.
b) Als de suiker is opgelost, voeg je wodka toe en roer goed.
c) Haal het mengsel van het vuur en dek het af met een deksel.
d) Laten afkoelen.
e) Voeg pepermuntextract toe aan het mengsel en giet het in een fles.

19. Limoen likeur

INGREDIËNTEN:
- 2 dozijn limoenen, gewassen en in plakjes gesneden
- ½ theelepel Gemalen kaneel
- 6 Kruidnagelen
- 2 pond Witte suiker
- 6 kopjes 80-proof wodka
- 2 kopjes Water
- Groene voedselkleurstof

INSTRUCTIES:
a) Combineer limoenen, kaneel, kruidnagel, wodka, water en witte suiker.
b) Goed schudden tot de suiker is opgelost. Omslag.
c) Zet twee weken op een koele plaats.
d) Giet door een fijne zeef.
e) Decanteer, giet heldere vloeistof in flessen.

20. Pittige kruidenlikeur

INGREDIËNTEN:
- 6 kardemompeulen, zaadjes verwijderd
- 3 theelepels anijszaad, gemalen
- 2¼ theelepel Gehakte engelwortel
- 1 Kaneelstokje
- 1 Kruidnagel
- ¼ theelepel foelie
- 1 Vijfde wodka
- 1 kopje suikersiroop
- Houder: pot van 1/2 gallon

INSTRUCTIES:
a) Combineer alle ingrediënten.
b) Goed schudden en 1 week laten trekken.
c) Meerdere keren zeven.
d) Voeg de suikersiroop toe.

21. Ananas Wodka Likeur

INGREDIËNTEN:
- 1 zoete ananas geschild; geboord en gesneden
- 1 fles wodka; 750 ml
- 2½ ounce met ananas doordrenkte wodka
- ¾ ounce Grand Marnier

INSTRUCTIES:
a) Plaats een rijpe ananas in een bakje en bedek deze met een fles wodka.
b) Laat minimaal 48 uur in de koelkast staan.

22.Met frambozen doordrenkte wodka

INGREDIËNTEN:
- 25 oz fles wodka
- 1 - pint Frambozen

INSTRUCTIES:
a) Combineer wodka met verse frambozen.
b) 3 dagen steil.

23. Papaya likeur

INGREDIËNTEN:
- 1 Citroenwig, geschraapte schil
- 1 Papaja, geschild, zaadjes verwijderd en in blokjes
- 1 kopje wodka
- ¼ kopje suikersiroop

INSTRUCTIES:
a) Laat papaja 1 week in wodka trekken.
b) Zeef het fruit en extraheer het sap.
c) Voeg suikersiroop toe.

24. Bosbessen likeur

INGREDIËNTEN:
- 3 kopjes Verse bosbessen, gespoeld en geplet
- 1 elk Kruidnagel
- ½ kopje suikersiroop
- 2 kopjes wodka
- 1 stuk Citroen met rand, geschraapte schil

INSTRUCTIES:
a) Combineer bessen met wodka, citroenschil en kruidnagel.
b) Steil gedurende 3 maanden.
c) Zeef de vaste stoffen.
d) Voeg suikersiroop toe.

25. Chocolade likeur

INGREDIËNTEN:
- 2 theelepels Puur chocolade-extract
- ½ theelepel puur vanille-extract
- 1½ kopje wodka
- ½ kopje suikersiroop
- ½ theelepel verse munt
- 1 druppel pepermuntextract

INSTRUCTIES:
a) Meng alle ingrediënten en laat 2 weken trekken.
b) Voeg munt- en pepermuntextract toe.
c) Nog 2 weken steil.

26.Kokos likeur

INGREDIËNTEN:
- ½ kopje cognac
- 2 kopjes Verpakte kokosnoot
- 4 Korianderzaadjes
- ¼ theelepel Vanille-extract
- 3 kopjes wodka

INSTRUCTIES:
a) Voeg alle ingrediënten samen en laat 4 weken trekken.
b) Draai de pot om de paar dagen.

27. Curaçao likeur

INGREDIËNTEN:
- 3 eetlepels bittere sinaasappel, geschild en in partjes
- 2⅔ kopje 80-proof wodka
- 1⅓ kopje water
- 2 kopjes Witte suiker
- 12 Hele kruidnagels
- 1 theelepel Gemalen kaneel
- 2 theelepels Hele korianderzaadjes

INSTRUCTIES:
a) Doe de sinaasappelpartjes samen met de bittere sinaasappelschil, kruidnagel, koriander en kaneel in een pot.
b) Meng de suiker, wodka en water erdoor.
c) Schud krachtig totdat de suiker is opgelost.
d) Steil voor maximaal 5 weken.
e) Zeef en laat helder worden.

28.Grapefruit likeur

INGREDIËNTEN:
- 6 grapefruits
- 3 kopjes 80-proof wodka
- 1 kopje water
- 2 eetlepels Heel korianderzaad
- 1 theelepel Gemalen kaneel
- 4 kopjes witte suiker

INSTRUCTIES:
a) Combineer de ingrediënten.
b) Dek af en laat enkele weken trekken.
c) Zeef en laat de likeur een week tot 10 dagen helder worden.
d) Giet de heldere likeur af.

29.Honing likeur

INGREDIËNTEN:
- 2 kopjes wodka
- ¾ pond honing
- 1 lange schil van een sinaasappel
- 1 kopje water, warm maar niet kokend
- 1 Kruidnagel
- 2 Kaneelstokjes, elk 2 inch

INSTRUCTIES:
a) Los de honing op in het water.
b) Voeg het honingmengsel toe aan de wodka, kruiden en sinaasappelschil.
c) Om de paar dagen steil en goed gekurkt laten schudden.
d) Steil gedurende 2 of 3 weken.
e) Zeef de vaste stoffen.

30.Thee likeur

INGRDIËNTEN:
- 2 theelepels Zwarte theeblaadjes
- 1½ kopje wodka
- ½ kopje suikersiroop

INSTRUCTIES:
a) Laat alles, behalve de siroop, 24 uur trekken.
b) Zeef en voeg suikersiroop toe.
c) 2 weken steil.

31. Pepermunt likeur

INGREDIËNTEN:
- 2 theelepels Pepermuntextract
- 3 kopjes wodka
- 1 kopje suikersiroop

INSTRUCTIES:
a) Combineer alle ingrediënten en roer.
b) 2 weken steil.

32.Angelica likeur

INGREDIËNTEN:
- 3 eetlepels Gedroogde gehakte engelwortel
- 1 eetlepel Gehakte amandelen
- 1 Pimentbes, gebarsten
- ⅛ theelepel Korianderzaadpoeder
- 1 theelepel _ _ gedroogde marjoleinbladeren
- 1 stuk kaneelstokje, gebroken
- 1½ kopje wodka
- ½ kopje kristalsuiker
- 6 anijszaadjes, gemalen
- ¼ kopje water
- 1 druppel van elke gele en groene voedselkleur

INSTRUCTIES:
a) Combineer alle kruiden, noten en specerijen met wodka.
b) Sluit goed af en schud dagelijks gedurende 2 weken.
c) Zeef en gooi de vaste stoffen weg.
d) Maak een weekcontainer schoon en plaats de vloeistof terug in de container.
e) Verwarm suiker en water in een pan .
f) Voeg kleurstof toe en voeg toe aan de likeur.
g) Steil gedurende 1 maand.

33.Bosbessen en sinaasappellikeur

INGREDIËNTEN:
- 1 kopje likeur met sinaasappelsmaak
- 1 kopje water
- 1 kopje suiker
- 1½ pond verse bosbessen
- 20 verse lavendelbloemhoofdjes

INSTRUCTIES:
a) Meng de likeur, het water en de suiker in een pan.
b) Eet , onder regelmatig roeren , tot de suiker is opgelost.
c) Doe bosbessen in hete potten en in elke pot 4 lavendelkoppen.
d) Giet hete vloeistof in potten.
e) gedurende 15 minuten in een heetwaterbad .

34. Karwijzaad likeur

INGREDIËNTEN:
- 4 eetlepels karwijzaad, gekneusd of half gemalen
- 1 kopje suiker
- 1 fles wodka
- Pot van 1 kwart

INSTRUCTIES:
a) Doe de zaden in een schone pot.
b) Voeg de suiker en de wodka toe.
c) Een maand lang dagelijks schudden.
d) Zeef de zaden en voeg suiker toe.

35. Appelwodka likeur

INGREDIËNTEN:
- 2 pond scherpe/zoete, smaakvolle appels, zonder klokhuis en in stukjes gesneden
- 1 kopje suiker
- 1 fles wodka
- 1 pot van een halve gallon

INSTRUCTIES:
a) Voeg de suiker en de cognac toe en sluit de pot af met een deksel.
b) Schud elke dag gedurende één tot twee maanden.
c) Zeef het fruit en voeg suikersiroop toe.

36.P elke Wodka- likeur

INGREDIËNTEN:
- 2 pond rijpe perziken
- 1 kopje suiker
- 1 fles wodka

INSTRUCTIES:
a) Voeg de perziken, suiker en alcohol toe aan een pot.
b) Dek af en schud één keer per dag gedurende één tot twee maanden.
c) zeef het en zoet het vervolgens met suikersiroop.
d) Deze vruchten zijn ook lekker licht gekruid met hele kruiden.

37. Aquavit wodka

INGREDIËNTEN:
- 50 ons wodka van goede kwaliteit
- 3 eetlepels karwijzaad , geroosterd
- 2 eetlepels komijnzaad , geroosterd
- 2 eetlepels dillezaad , geroosterd
- 1 eetlepel venkelzaad , geroosterd
- 1 eetlepel korianderzaad , geroosterd
- 2 hele steranijs
- 3 hele kruidnagels
- Schil een ½ biologische citroen en snijd deze in reepjes
- Schil een ½ biologische sinaasappel en snijd deze in reepjes
- 1 ons eenvoudige siroop

INSTRUCTIES:
a) Maal de zaden lichtjes in een vijzel en doe ze in een infuuspot .
b) Voeg de steranijs, kruidnagel, citroen- en sinaasappelschil toe en vervolgens de wodka.
c) Sluit goed af met een deksel en schud kort.
d) Laat bij kamertemperatuur minimaal 2 weken trekken. Schud de pot elke 2 dagen tijdens het infunderen.
e) Zeef de vloeistof.
f) Voeg de eenvoudige siroop en fles toe.

38.Citroen Wodka

INGREDIËNTEN:
- 750 ml wodka
- ¼ kopje gedroogde biologische citroenschil

INSTRUCTIES:
a) Schil 3 verse biologische citroenen, in dunne reepjes gesneden, zonder pit
b) Giet wodka in een Mason-pot van een halve liter over de citroenschil en de verse schil.
c) Dek af en laat 2 dagen macereren.
d) Giet de citroenschil eruit.

39.Oranje Bitter

INGREDIËNTEN:
- Rasp 3 biologische sinaasappels, in dunne reepjes gesneden
- ¼ kopje gedroogde biologische sinaasappelschil
- 4 hele kruidnagels
- 8 groene kardemompeulen, gebarsten
- ¼ theelepel korianderzaad
- ½ theelepel gedroogde gentiaanwortel
- ¼ theelepel hele piment
- 2 kopjes high-proof wodka
- 1 kopje water
- 2 eetlepels rijke siroop

INSTRUCTIES:
a) Doe de sinaasappelschil, gedroogde sinaasappelschil, kruiden en gentiaanwortel in een Mason-pot van 1 liter.
b) Voeg de wodka toe.
c) Deksel erop en 2 weken laten trekken.
d) Schud het één keer per dag.
e) Zeef de vloeistof in een schone Mason-pot van 1 liter.
f) Breng de vaste stoffen over naar een pan. Bedek de pot en zet hem opzij.
g) Giet het water over de vaste stoffen in de pan en breng op middelhoog vuur aan de kook.
h) Dek de pan af, zet het vuur laag en laat 10 minuten sudderen.
i) Voeg de vloeistof en vaste stoffen in de pan toe aan een andere Mason-pot van 1 liter.
j) Dek af en laat een week trekken, waarbij u de pot elke dag schudt.
k) Zeef de vaste stoffen eruit met kaasdoek en gooi de vaste stoffen weg. Voeg de vloeistof toe aan de pot met het originele wodkamengsel.
l) Voeg de rijke siroop toe, roer om goed te mengen, sluit het deksel en schud om te mengen en de siroop op te lossen.
m) 3 dagen steil.
n) Schep vervolgens alles af wat naar de oppervlakte drijft en zeef het nogmaals door de kaasdoek.
o) Gebruik een trechter om het te bottelen.

40. Aardbei Vanille Wodka

INGREDIËNTEN:
- 1 kwart wodka
- 2 kopjes aardbeien, in plakjes gesneden
- 2 vanillestokjes, in de lengte gespleten

INSTRUCTIES:
a) Voeg aardbeien toe aan een schone glazen pot met vanillestokjes.
b) Voeg wodka toe en laat minimaal 3 dagen trekken.
c) Aardbeien en vanillebonen zeven en weggooien.
d) Zeef een paar keer om al het sediment te verwijderen.

41. Citroen Granaatappel Likeur

INGREDIËNTEN:
- 1 kopje granaatappelpitjes
- 750 ml wodka
- 1 citroen, in partjes gesneden

INSTRUCTIES:
a) Combineer alle ingrediënten in een pot.
b) Vijf dagen lang steil, elke dag schuddend,
c) Zeef de ingrediënten voor de infusie.

42. Braam Oranje Doordrenkt Wodka

INGREDIËNTEN:
- 1 kopje bramen
- 750 ml wodka
- 1 biologische sinaasappel, in partjes gesneden

INSTRUCTIES:
a) Combineer alle ingrediënten in een pot.
b) Drie dagen laten trekken, elke dag schudden.
c) Zeef de ingrediënten voor de infusie.

43. Heemst Wodka

INGREDIËNTEN:
- Marshmallows, in stukjes gesneden
- Wodka

INSTRUCTIES:
a) Doe marshmallows in een Franse pers.
b) Giet wodka in de pers over de marshmallows, tot deze vol is.
c) Minimaal 12 uur steil.
d) Zeef en bewaar.

TEQUILA

44. Citroengras-Gember likeur

INGREDIËNTEN:
- 2 stengels vers citroengras, geschild en gehakt
- 1 verse gember
- Fles Blanco tequila van 750 milliliter

INSTRUCTIES:
a)   Doe het citroengras en de gember in een pot.
b)   Giet de tequila over de kruiden en schud het geheel.
c)   Sluit het deksel goed af en laat het ongeveer 2 weken trekken.
d)   Zeef de vaste stoffen.

45. Margarita-likeur

INGREDIËNTEN:
- 1 limoenschil; gesneden in een doorlopende spiraal
- 1 Fles zilveren tequila
- 1 sinaasappelschil; gesneden in een doorlopende spiraal
- 6 ons Cointreau

INSTRUCTIES:
a) Voeg citrus toe en limoenschillen aan de tequila en voeg dan de Cointreau toe.
b) Zet minimaal 1 in de koelkast dag.
c) Verwijder de schillen als de likeur bitter begint te worden.

46. Mexicaanse theepunch

INGREDIËNTEN:
- 2 kopjes Tequila
- 2 kopjes thee; Sterk, koud
- 1 kopje ananassap
- ¼ kopje honing
- ¼ kopje water
- ¼ kopje limoensap
- ¼ kopje citroensap
- 1½ theelepel kaneel; Grond
- 1½ theelepel aromatische bittertjes

INSTRUCTIES:
a) Meng alle ingrediënten.
b) Serveer op ijs.

47. Jalapeño Limoen Tequila

INGREDIËNTEN:
- 1 liter Blanco tequila
- 2 jalapeños, in rondjes gesneden
- 2 limoenen, in plakjes gesneden

INSTRUCTIES:
a) Laat de ingrediënten minimaal 12 uur trekken.
b) Zeef de jalapeños en limoenen en gooi ze weg.
c) Zeef een paar keer om al het sediment te verwijderen.
d) Sluit af in een schone pot.

48.Ananas En Serrano tequila

INGREDIËNTEN:
- 750 ml Tequila
- Serrano chilipeper; gezaaid
- 1 takje dragon
- 1 ananas; geschild, klokhuis verwijderd en in blokjes gesneden

INSTRUCTIES:
a) Meng alle ingrediënten en schud goed.
b) Steil gedurende 48 tot 60 uur.
c) Zeef de tequila en vries hem nog eens 12 uur in.
d) Serveer in een borrelglas.

49. Gember Citroengras Tequila

INGREDIËNTEN:
- Fles van 750 ml premium Blanco tequila
- 2 stengels citroengras
- 1 verse gember

INSTRUCTIES:
a) Neem het citroengras en verwijder het deksel.
b) Voeg het citroengras en een schijfje gember toe.
c) Voeg de tequila toe.
d) 2 weken steil.
e) Serveer na het persen.

50.Amandelgoudlikeur

INGREDIËNTEN:
- 8 ons ongepelde amandelen; geroosterd en gehakt
- ½ Vanilleboon; gesplitst
- 1 stokje kaneel; 3 inch
- 1 Fles gouden tequila
- 2 eetlepels Pittige piloncillosiroop
- ¼ theelepel Puur amandelextract

INSTRUCTIES:
a) Combineer noten, vanillestokje en kaneel.
b) Voeg de tequila toe en laat 2 weken trekken.
c) Meerdere keren zeven.
d) Voeg siroop en amandelextract toe.
e) Giet in een pot: en laat nog 2 weken trekken.

RUM

51. Koffie Likeur

INGREDIËNTEN:
- 1 recept voor koudgezette koffie
- ½ kopje water
- ½ kopje donkerbruine suiker
- 1 kopje donkere rum
- ½ vanillestokje, gespleten

INSTRUCTIES:
a) Breng het water en de bruine suiker op hoog vuur aan de kook.
b) Laat sudderen en roer om de suiker op te lossen.
c) Combineer de suikersiroop, rum en koffie in een pot.
d) Roer de vanillezaadjes erdoor en doe ze bij het koffiemengsel.
e) Plaats het deksel terug op de pot en laat minimaal 2 weken trekken, waarbij u één keer per dag schudt.
f) Verwijder het vanillestokje.

52.Banaan en kokosnoot likeur

INGREDIËNTEN:
- ½ kopje geëvaporeerde melk
- 1½ kop Rum
- ½ kopje wodka
- 2 Rijpe bananen; gepureerd
- ½ kopje gezoete gecondenseerde melk
- 2 theelepels Kokosextract
- 1 kopje Kokoscrème

INSTRUCTIES:
a) Meng bananen, kokosnootextract, rum, melk en wodka.
b) Voeg de kokosroom toe en pulseer opnieuw.

53.Gekruid Rum

INGREDIËNTEN:
- 1 hele nootmuskaat
- 3 pimentbessen
- 1 navelsinaasappel, geraspt
- 1 vanillestokje, in de lengte gespleten
- Fles gerijpte rum van 750 milliliter
- 2 hele kruidnagels
- 1 kardemompeul
- 4 zwarte peperkorrels
- Sorghumsiroop
- 1 kaneelstokje, geplet
- 1 steranijs

INSTRUCTIES:
a) Doe de hele nootmuskaat in een schone handdoek en sla er met een hamer op.
b) Doe de nootmuskaat en alle andere kruiden in een koekenpan.
c) Rooster de kruiden lichtjes gedurende 2 minuten.
d) Haal van het vuur en laat afkoelen.
e) Breng over naar een molen en pulseer.
f) Doe de schil in een Mason-pot van 1 liter en voeg de rum en de geroosterde kruiden toe.
g) Sluit het deksel, schud om te mengen en laat 24 uur trekken.
h) Giet de gekruide rum door een zeef.
i) Giet het in een schone glazen pot of fles en etiketteer.

54.Jasmijn thee likeur

INGREDIËNTEN:
- 1 pint Donkere rum
- ½ kopje jasmijnthee
- 1 kopje suikersiroop

INSTRUCTIES:
a) Laat alles, behalve de siroop, 24 uur trekken.
b) Voeg de suikersiroop toe.

55.Mokka room likeur

INGREDIËNTEN:
- ¼ theelepel Kokosextract
- 4 theelepels Instant espressokoffiepoeder
- 1 kopje donkere rum
- ½ theelepel Gemalen kaneel
- ½ theelepel Vanille-extract
- 1 kopje zware room
- 1 blikje gezoete gecondenseerde melk
- ¼ kopje Chocoladesmaaksiroop

INSTRUCTIES:
a) Combineer alle ingrediënten in een keukenmachine.
b) Pulseer tot het mengsel glad is.

56.Zweeds fruit in likeur

INGREDIËNTEN:
- 1 pint bosbessen, gepeld
- 1 pint Frambozen, gepeld
- 1 pint Aardbeien, gepeld
- 1 pint Rode bes
- 1 kopje kristalsuiker
- ⅔ kopje cognac
- ⅔ kop Lichte rum
- Slagroom ter garnering

INSTRUCTIES:
a) Doe de bessen en rode bessen in een glazen kom.
b) Voeg suiker, cognac en rum toe, af en toe roeren.
c) Laat een nacht in de koelkast staan.

57. Cranberry-hartelijk

INGREDIËNTEN:
- 8 kopjes rauwe veenbessen, gehakt
- 6 kopjes suiker
- 1 liter lichte of amberkleurige rum

INSTRUCTIES:
a) Combineer veenbessen, suiker en rum in een pot.
b) 6 weken laten trekken, elke dag schudden.
c) Zeef de likeur.

58. Romige rumlikeur

INGREDIËNTEN:
- 400 ml gecondenseerde melk
- 300 milliliter Crème
- 2 theelepels Instantkoffie opgelost in gekookt water
- 300 milliliter Melk
- ¾ kopje Rum
- 2 eetlepels Chocoladesaus

INSTRUCTIES:
a) Meng alle ingrediënten.
b) Koel Serveren.

59.Ananas Rum

INGREDIËNTEN:
- 1 ananas, zonder klokhuis en in speren gesneden
- 1 kwart witte rum

INSTRUCTIES:
a) Combineer ananas en rum in een glazen pot en sluit af.
b) Minimaal 3 dagen steil.
c) Giet door een fijne zeef en gooi de ananas weg.
d) Sluit af in een schone pot.

60. Citrus Sangria

INGREDIËNTEN:
- Flesje zoete Moscato van 750 milliliter
- 1½ kopje ananassap
- 1 kopje witte rum
- 1 kopje ananasstukjes
- 2 limoenen, in plakjes gesneden
- 2 sinaasappelen, in plakjes gesneden

INSTRUCTIES:
a) Doe alle ingrediënten in een kan en roer.
b) Zet minimaal 2 uur in de koelkast voordat u het serveert.

61.Fruit Pons

INGREDIËNTEN:
- 6 kopjes fruitpunch
- 3 kopjes ananassap
- 2 kopjes perzikschnaps
- 2 kopjes witte rum
- 1 kopje citroen-limoen frisdrank
- ¼ kopje limoensap
- 2 limoenen, in plakjes gesneden en bevroren
- 1 sinaasappel, in plakjes gesneden en bevroren

INSTRUCTIES:
a) Combineer de fruitpunch, ananassap, perzikschnaps, rum, frisdrank en limoensap in een kruik.
b) Roer tot alles goed gemengd is, dek af en zet in de koelkast tot het lekker koud is.
c) Giet de fruitpunch in een punchkom en voeg het bevroren fruit toe.
d) Serveer en geniet!

WHISKY

62. Citroen Doordrenkt Bourbon

INGREDIËNTEN:
- 2 ons gemberlikeur
- 2 ons bourbon
- ½ biologische citroen

INSTRUCTIES:
a) Doe de gemberlikeur en de citroen in een mengglas.
b) Goed aanmodderen met een muddler.
c) Voeg ongeveer een kopje gebarsten ijs en de bourbon toe.
d) Roer goed totdat het glas bevroren is.
e) Giet in een cocktailglas of wijnglas; niet belasten.
f) Garneer met een schijfje citroen.

63.Met spek doordrenkt ouderwets

INGREDIËNTEN:
BOURBON-BACON:
- 4 plakjes spek, gekookt en vet gereserveerd
- 750 ml. fles bourbon

OUBOLLIG:
- 2 scheutjes Angostura bitters
- 2 ons met spek doordrenkte bourbon
- 1/4 ons ahornsiroop

INSTRUCTIES:
VOOR DE MET BACON GEÏNFUSEERDE BOURBON
a) Combineer bourbon en het spekvet in een niet-poreuze container.
b) Zeef en laat 6 uur in de vriezer trekken.
c) Verwijder het vet en zeef het mengsel terug in de fles.

VOOR DE COCKTAIL
d) Combineer de met spek doordrenkte bourbon, ahornsiroop en bitters met ijs.
e) Zeef het in een gekoeld rotsglas gevuld met ijs.

64. Perzik-kaneellikeur

INGREDIËNTEN:
- 1½ pond perziken; geschild en in plakjes gesneden
- 1½ kopje suiker
- 4 Citroenschil; stroken
- 3 Hele kruidnagels
- 2 Kaneelstokjes
- 2 kopjes Bourbon

INSTRUCTIES:
a) Voeg alle ingrediënten bij elkaar en verwarm gedurende 40 minuten tot de suiker is opgelost, terwijl u tweemaal roert.
b) Dek af en laat 3 tot 4 dagen trekken.
c) Zeef voor gebruik.

65. Chocolade crème likeur

INGREDIËNTEN:
- 2 kopjes zware room
- 1 kopje whisky
- ¼ kopje ongezoet cacaopoeder
- 14 ons gezoete gecondenseerde melk
- 1½ eetlepel vanille-extract
- 1 eetlepel Instant-espressopoeder
- 1 eetlepel kokosextract

INSTRUCTIES:
a) Pureer alle ingrediënten in een keukenmachine tot een gladde massa.

66.Bing Cherry likeur

INGREDIËNTEN:
- 2 plakjes citroen
- 1 Vijfde VO
- Bing-kersen
- 2 eetlepels suiker

INSTRUCTIES:
a) Vul elke pot halfvol met kersen.
b) Voeg aan elk een schijfje citroen en een eetlepel suiker toe.
c) Vervolgens tot de bovenkant vullen met VO, deksel goed sluiten, schudden en 6 maanden op een koele plaats laten trekken.

67.Sinaasappel en Honing Likeur

INGREDIËNTEN:
- 1 fles whisky
- 2 kopjes oranjebloesemhoning
- schil van 2 sinaasappels of mandarijnen
- 4 eetlepels korianderzaad, gekneusd

INSTRUCTIES:
a) Meng alles in de pot.
b) Sluit het deksel en schud één keer per dag gedurende een maand.
c) Zeef en bottel de likeur.

68. Irish roomlikeur

INGREDIËNTEN:
- 1¼ kopje Ierse whisky
- 14 ons gezoete gecondenseerde melk
- 1 kopje zware room
- 4 eieren
- 2 eetlepels siroop met chocoladesmaak
- 2 theelepels Instantkoffie
- 1 theelepel vanille-extract
- ½ theelepel amandelextract

INSTRUCTIES:
a) Pureer alle ingrediënten in een blender tot een gladde massa.

69.Cranberry Oranje Whisky

INGREDIËNTEN:
- 2 kaneelstokjes
- ½ kopje verse veenbessen
- 1 sinaasappel, in partjes gesneden
- 1 kwart whisky

INSTRUCTIES:
a) Combineer veenbessen, sinaasappel, whisky en kaneelstokje in een glazen pot.
b) Minimaal 3 dagen steil.
c) Zeef de veenbessen, sinaasappels en kaneel en gooi ze weg.
d) Sluit af in een schone pot.

70. Koffie-Vanille Bourbon

INGREDIËNTEN:

- 2 vanille bonen , gespleten
- 1/2 beker koffie bonen lichtelijk verpletterd
- 32 ons van whisky

INSTRUCTIES:

a) Combineer alles en laat het minimaal 2 dagen trekken op een koele, donkere plaats.

71. Kers vanille Bourbon

INGREDIËNTEN:
- 2 vanille bonen , gespleten
- 8 ons droog of vers kersen
- 32 ons van whisky

INSTRUCTIES:
a) Combineer alles en laat het minimaal 2 dagen trekken op een koele, donkere plaats.

72. Appel-kaneel Whisky

INGREDIËNTEN:
- 2 appels, geschild En gehakt
- A handvol van kaneel stokjes
- 32 ons van whisky

INSTRUCTIES:

a) Combineer alles en laat het minimaal 2 dagen trekken op een koele, donkere plaats.

73. Vanille Boon Bourbon

INGREDIËNTEN:
- 8 ons van je favoriete Bourbon
- 2 vanillestokjes, in de lengte gespleten

INSTRUCTIES:
a) Combineer alles en steil gedurende 4 dagen.
b) Schud het een paar keer per dag zodat de infusie plaatsvindt.
c) Zeef het vanillestokje en serveer.

GIN

74. Cajun-martini

INGREDIËNTEN:
- 1 Jalapeñopeper; tot de stengel gesneden
- ½ Fles Gin
- ½ Fles Vermout

INSTRUCTIES:
a) Voeg jalapeño toe aan de ginfles en vul de gin met vermouth.
b) Zet 8 tot 16 uur in de koelkast.
c) Zeef in een schone fles.

75. Cranberry gin

INGREDIËNTEN:
- 1 Fles jenever
- 6 ons veenbessen
- 7 ons suiker
- Een paar geblancheerde amandelen; gebarsten
- 1 stuk kaneelstokje
- Kruidnagel

INSTRUCTIES:
a) Giet de gin in een kan.
b) Prik de cranberries in met een spies of vork en doe ze in de lege ginfles tot deze halfvol is.
c) Voeg de suiker, amandelen en kruiden toe.
d) Giet de gin terug om de fles te vullen. Dop stevig vast.
e) Laat het een paar dagen op een warme plaats staan en schud de fles af en toe totdat de suiker is opgelost.

76.Pomander gin

INGREDIËNTEN:
- 1 Sevilla sinaasappel
- 2 Hele kruidnagels
- 3 ons suiker
- 1 Fles jenever

INSTRUCTIES:
a) Steek de kruidnagels in de sinaasappel en doe de sinaasappel en de suiker in een pot met wijde hals.
b) Voeg de gin toe en schud tot de suiker is opgelost.
c) Laat 3 maanden op een koele plaats staan.
d) Zeef en gooi de vaste stoffen weg.

77. Citroen Gember Kardemom Gin

INGREDIËNTEN:
- 4 kardemompeulen
- 2 stukjes geschilde gember, in rondjes gesneden
- 3 citroenen, in rondjes gesneden
- 1 kwart gin

INSTRUCTIES:
a) Combineer gin, citroen, gember en kardemompeulen in een glazen pot.
b) Minimaal 3 dagen steil.
c) Zeef de vaste stoffen eruit.

78. Appel En Peer Gin

INGREDIËNTEN:
- Fles gin van 750 ml
- 4 rode appels, in plakjes gesneden
- 1 peer, in plakjes gesneden
- 1/4 pond gedroogde peren

INSTRUCTIES:
a) Roer de gin en het fruit in een pot en schud.
b) Steek het op een donkere plaats.
c) Giet de vruchten af.

79. Groente Thee Gin

INGREDIËNTEN:
VOOR DE GIN MET GROENE THEE
- Fles jenever van 750 ml
- 1/4 kopje groene theeblaadjes

VOOR DE GEZOUTEN PISTACHEHONINGSTROOP
- 1/2 kopje water
- 1/2 kop gezouten pistachenoten
- 1/2 kopje honing

INSTRUCTIES:
a) Combineer alle ingrediënten en laat 2 uur trekken.
b) Zeef de theeblaadjes.

BRANDEWIJN

80.Mandarijn sinaasappel Likeur

INGREDIËNTEN:
- 32 ons cognac
- 2 pond biologische mandarijnen geschild, in plakjes gesneden
- ½ kopje gedroogde biologische zoete sinaasappelschil
- Simpele siroop

INSTRUCTIES:
a) Verdeel de schil over de twee potten. Voeg cognac toe aan elke pot tot ongeveer 2,5 cm van de bovenkant.
b) Laat de potten minimaal 2 dagen trekken, weg van de zon.
c) Schud de potten één keer per dag.
d) Zeef het fruit uit de cognac.
e) Voeg eenvoudige siroop en een fles toe.
f) Laat minimaal een maand op een koele, donkere plaats staan.

81. Amaretto-likeur

INGREDIËNTEN:
- 1 kopje suikersiroop
- ¾ kopje water
- 2 gedroogde abrikozenhelften
- 1 eetlepel amandelextract
- ½ kopje Pure graanalcohol en
- ½ kopje water
- 1 kopje cognac
- 3 druppels gele voedingskleurstof
- 6 druppels rode voedselkleurstof
- 2 druppels blauwe voedselkleurstof
- ½ theelepel Glycerine

INSTRUCTIES:
a) Laat sudderen tot alle suiker is opgelost.
b) Combineer de abrikozenhelften, het amandelextract en de graanalcohol met ½ kopje water en cognac.
c) Roer het suikersiroopmengsel erdoor.
d) Dop en steil gedurende 2 dagen. Verwijder de abrikozenhelften.
e) Voeg kleurstof en glycerine toe.
f) Opnieuw 1 tot 2 maanden trekken.

82. Abrikozenlikeur

INGREDIËNTEN:
- 1 kopje water
- 1 pond gedroogde, ontpitte abrikozen
- 1 eetlepel poedersuiker
- 1 kopje gesneden amandelen
- 2 kopjes cognac
- 1 kopje suiker
- 1 kopje water

INSTRUCTIES:
a) Week de abrikozen gedurende 10 minuten in gekookt water.
b) Giet het resterende water af.
c) Combineer abrikozen, poedersuiker, amandelen en cognac.
d) Roer goed om te mengen.
e) Dek het goed af en laat het minimaal 2 weken op een koele, donkere plaats staan.
f) Zeef vloeistof.
g) Combineer suiker en water in een pan.
h) Breng op middelhoog vuur aan de kook.
i) Laat sudderen tot de suiker volledig is opgelost.
j) Voeg suikersiroop toe.
k) Giet in flessen en sluit goed af.
l) Laat minimaal 1 maand trekken voordat u het serveert.

83. Framboos likeur

INGREDIËNTEN:
- 4 kopjes Schone, droge frambozen
- 4 kopjes cognac
- 1 kopje suikersiroop

INSTRUCTIES:
a) Combineer de frambozen en cognac in een pot.
b) Afdichten en 2 maanden laten trekken op een zonnige vensterbank.
c) Voeg de suikersiroop toe aan de frambozenlikeur.
d) Zeef en bewaar.

84. Appel-kaneelbrandewijn

INGREDIËNTEN:
- 1 pond rode appels, in vieren en zonder klokhuis
- 1 kaneelstokje
- 2 hele kruidnagels
- 3 kopjes cognac
- 1 kopje suiker
- 1 kopje water

INSTRUCTIES:
a) Combineer appels, kaneelstokjes, kruidnagel en cognac in een pot.
b) Dek het goed af en laat het 2 weken op een koele, donkere plaats staan.
c) Zeef vloeistof.
d) Combineer suiker en water in een pan. Breng op middelhoog vuur aan de kook.
e) Laat sudderen tot de suiker is opgelost.
f) Voeg suikersiroop toe.
g) Giet in flessen en sluit goed af.
h) Laat minimaal 1 maand trekken voordat u het serveert.

85. Californië Advocaat

INGREDIËNTEN:
- 1 liter Koud bereide advocaat
- 1½ kopje abrikozenbrandewijn
- ¼ kopje Triple Sec
- Nootmuskaat, voor garnering

INSTRUCTIES:
a) Roer in een kruik de advocaat, abrikozenbrandewijn en Triple Sec.
b) Dek af en zet minimaal vier uur in de koelkast om de smaken te mengen.
c) Garneer met nootmuskaat.

86. Kers brandewijn

INGREDIËNTEN:
- ½ pond Bing-kersen. stamde
- ½ pond kristalsuiker
- 2 kopjes cognac

INSTRUCTIES:
a) Doe de kersen in een pot van 1 liter.
b) Giet suiker over de kersen.
c) Giet cognac over suiker en kersen.
d) Steil gedurende 3 maanden. NIET SCHUDDEN.
e) Giet in een fles.

87. Amandel Likeur

INGREDIËNTEN:
- 1 kopje suikersiroop
- 2 kopjes wodka
- 2 kopjes cognac
- 2 theelepels amandelextract

INSTRUCTIES:
a) Combineer suikersiroop, wodka, cognac en amandelextract.
b) Giet in flessen.
c) Laat minimaal 1 maand trekken voordat u het serveert.

88.Peren Likeur

INGREDIËNTEN:
- 1 pond stevige rijpe peren, zonder klokhuis en in blokjes
- 2 hele kruidnagels
- 1 kopjes cognac
- 1 kaneelstokje van 1 inch
- Snufje nootmuskaat
- 1 kopje suiker

INSTRUCTIES:
a) Combineer kruidnagel, kaneel, nootmuskaat , suiker en cognac.
b) 2 weken steil.
c) Schud de pot dagelijks. Zeef de vloeistof.

89.Gember Likeur

INGREDIËNTEN:
- 2 ons verse gemberwortel, geschild
- vanilleboon
- 1 kopje suiker
- 1½ kopjes water
- Schil van 1 biologische sinaasappel
- 1½ kopjes cognac

INSTRUCTIES:
a) in een pan de gember, het vanillestokje, de suiker en het water aan de kook.
b) Laat 20 minuten sudderen.
c) Haal van het vuur en laat afkoelen.
d) Giet de siroop in een pot en voeg de sinaasappelschil of -schil en de cognac toe.
e) Sluit af, schud en laat het een dag trekken.
f) Verwijder het vanillestokje en laat het nog een dag trekken.
g) Zeef het in een fles en laat het 2 weken trekken voordat u het gebruikt.

90. Koffie vanille likeur

INGREDIËNTEN:
- 2 ons goede oploskoffie
- 2 kopjes suiker
- 4 ons vanille, gehakt
- 1-2 Madagascar of Tahitiaanse vanillebonen
- fles cognac

INSTRUCTIES:
a) Verwarm het water, de koffie en de suiker om te laten sudderen.
b) Haal van het vuur en laat afkoelen.
c) Voeg de 4 ons vanille toe.
d) Giet de koffie/suiker/water /cognac erbij en roer.
e) Steil gedurende twee tot drie maanden.
f) Giet de vanillestokjes eruit.

91. Kardemom-Fig Brandewijn

INGREDIËNTEN:
- 2 hele kardemompeulen
- 1 kop gedroogde of verse vijgen, gehalveerd
- 32 ons van cognac

INSTRUCTIES:
a) Combineer alle ingrediënten.
b) Dek ze goed af en laat ze minimaal 2 dagen op een koele, donkere plaats staan.

92.Pruim-Kaneel Brandewijn

INGREDIËNTEN:
- 2 pruimen of pruimen, ontpit en in vieren gesneden
- een handvol kaneelstokjes
- 32 ons van cognac

INSTRUCTIES:
a) Doe de ingrediënten voor de infusie in de alcohol, dek het goed af,
b) Laat het minimaal 2 dagen op een koele, donkere plaats staan.

93. Chai-peer Brandewijn

INGREDIËNTEN:
- 2-3 chai-theezakjes
- 2 peren, in plakjes gesneden
- 32 ons van cognac

INSTRUCTIES:
a) Laat 2 à 3 chai-theezakjes in de cognac trekken.
b) Steile brandewijn met 2 peren gedurende 2 dagen.

COGNAC

94. Grote sinaasappel-cognac likeur

INGREDIËNTEN:
- ½ kopje kristalsuiker
- 2 kopjes Cognac of Franse cognac
- ⅓ kopje Sinaasappelschil
- ½ theelepel Glycerine

INSTRUCTIES:
a) Doe de schil en de suiker in een kom.
b) Pureer en meng met een stamper tot de suiker is opgenomen.
c) Plaats in een weekcontainer. Voeg cognac toe.
d) Roer, sluit af en laat 2 tot 3 maanden op een koele, donkere plaats staan.
e) Na het eerste weken door een fijnmazige zeef gieten.
f) Giet glycerine in een weekcontainer en plaats de stoffen zak in de zeef.
g) Zeef door de doek.
h) Roer met een houten lepel om te combineren.
i) Nog 3 maanden steil.

95.Verse vijgen Curacao

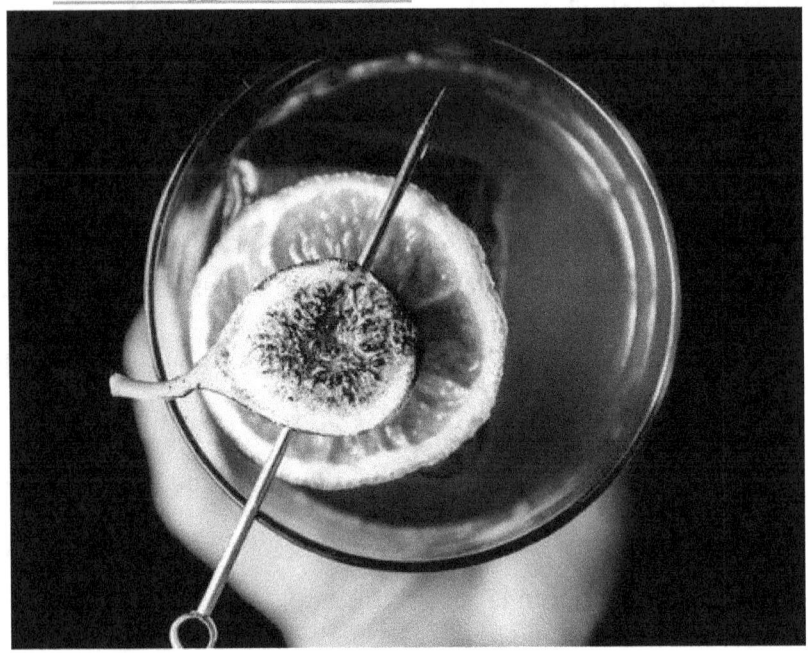

INGREDIËNTEN:
- 12 Vijgen, geschild en in vieren gesneden
- 1 eetlepel cognac
- 1 kop Zware room, opgeklopt
- ⅓ kopje Curaçao

INSTRUCTIES:
a) Marineer de vijgen gedurende 30 minuten of langer in de cognac.
b) Meng de room en Cura c oa.
c) Vouw de vijgen erdoor.

96.Chai-doordrenkt Cognac

INGREDIËNTEN:
- 8 ons Cognac
- 2 chai theezakjes

INSTRUCTIES:
a) Combineer de Cognac in een potje met de theezakjes.
b) 2 uur steil.
c) Zeef in een luchtdichte container.

97. Met kersen doordrenkt cognac

INGREDIËNTEN:
- 33 ons Cognac
- 0,15 ons Vanillestokjes
- 23 ons Zoete kers, ontpit
- 7 ons basterdsuiker

INSTRUCTIES:
a) Vul een pot van twee kwart gallon met ontpitte zoete kersen.
b) Voeg basterdsuiker, een vanillestokje en cognac toe.
c) Sluit de pot en laat 2 weken trekken

98. Vijgen- en Grand Marnier-likeur

INGREDIËNTEN:
- 1/4 ounce eenvoudige siroop
- 3/4 ounce Grand Marnier
- 1/2 ons vers sinaasappelsap
- 2 ons met vijgen doordrenkte cognac
- 1/2 ons vers citroensap

INSTRUCTIES:
a) Combineer de cognac, Grand Marnier, citroensap, sinaasappelsap en eenvoudige siroop.
b) Goed schudden en een paar uur trekken.
c) Dubbele zeef in een glas.

99.Perzik Doordrenkt Cognac

INGREDIËNTEN:
- 500 ml Cognac
- 8 hele gedroogde perziken, gehakt

INSTRUCTIES:
a) Doe de perziken in een glas.
b) Giet de cognac in een bakje, roer en dek af.
c) 24 uur steil, weg van licht.
d) Perziken eruit zeven.

100. Ananas-Sinaasappelbitters Likeur

INGREDIËNTEN:
- 1/2 ounce met ananas doordrenkte Cognac
- 1/4 ounce maraschino-likeur
- 1 scheutje sinaasappelbitter
- 1 scheutje Angostura sinaasappelbittertjes

INSTRUCTIES:
a) Combineer de Cognac, maraschino likeur en sinaasappelbitter.
b) Roer om te combineren.
c) Een paar uur steil.

CONCLUSIE

Nu we de laatste pagina's van DE ULTIEME BOTANISCHE COCKTAIL GIDS' bereiken, hopen we dat deze reis door de mixologie van tuin tot glas je smaakpapillen heeft laten tintelen van opwinding. De wereld van botanische cocktails is een bewijs van de kunst van het maken van dranken die niet alleen verfrissen, maar ook de zintuigen prikkelen met de essentie van de natuur.

Van de pittige citrustonen tot de aromatische kruiden die in je mond dansen: deze 100 snelle en gemakkelijke recepten zijn een ode aan de alchemie die ontstaat wanneer verse ingrediënten je favoriete sterke drank ontmoeten. Of je deze cocktails nu hebt geschud voor een levendige bijeenkomst of hebt genoten van een rustig moment van bezinning met een drankje uit de tuin in de hand, we vertrouwen erop dat elke slok je naar een plek van botanische gelukzaligheid heeft gebracht.

Terwijl u uw verkenning van de tuin-tot-glas-trend voortzet, kunt u geïnspireerd worden om te experimenteren met uw eigen combinaties, waarbij u de schoonheid van plantaardige ingrediënten in uw mixologie-inspanningen brengt. Op naar nog talloze momenten van rammelende glazen, gelach en de heerlijke smaak van de rijkdom van de natuur bij elke slok. Proost op de ultieme botanische cocktailervaring!

www.ingramcontent.com/pod-product-compliance
Lightning Source LLC
Chambersburg PA
CBHW071907110526
44591CB00011B/1579